라이벌들의 한판 대결!

라이벌은 좋은 친구로 지내다가도 서로 의견이
부딪히면 경쟁 관계, 또는 대립 관계로 변해 버리지요.
우리 역사에서도 라이벌들을 어렵지 않게 찾아볼 수 있어요.
상관과 부하였던 최영과 이성계는 명나라를 치는 문제를 놓고
라이벌이 되었어요. 계백과 김유신은 황산벌의 라이벌이었지요.
인현 왕후와 장 희빈은 중전 자리를 놓고 한판 대결을 벌였답니다.
오천 년 우리 역사에서는 이렇게 흥미진진한 라이벌 관계가
많이 있어요. 라이벌 관계에 놓인 맞수의 대결을 살펴보면
당시의 역사 배경과 시대 상황이 한눈에 들어오지요.
누가 승자이고 누가 패자인가는 중요하지 않아요.
그들이 처한 상황에서 각자 믿음을 가지고
어떻게 싸웠는지가 더 중요하답니다.

추천 감수 **권치순**
서울대학교에서 과학교육과와 동 대학원을 마치고, 연세대학교에서 박사 학위를 받았습니다. 한국교육개발원에서 책임연구원(과학교육연구실장)으로 있으면서 우리나라 초 · 중 · 고등학교 과학 교육과정과 교과서를 연구 · 개발하였고, 지금은 서울교육대학교 과학교육과 교수(학과장)로 재직 중입니다. 서울교육대학교 과학영재교육원장을 역임하였고, 2007년 개정 교육과정에 따른 초등학교 3~4학년 차세대 과학 교과서 집필 책임자로 일하고 있습니다. 최근에 지은 책으로 〈창의적 문제 해결력을 키워라〉, 〈탐구 활동을 통한 과학 교수법〉, 〈지구과학 교육론〉, 〈지구과학 교수 학습론〉 등이 있습니다.

추천 감수 **김택민**
고려대학교 문과대학 사학과를 졸업하였으며, 동 대학원에서 박사 학위를 받았습니다. 현재 고려대학교 사범대학 역사교육과 교수로 재직 중입니다. 위진수당사학회 회장 및 동양사학회 간사를 역임하였으며, 현재는 동양사학회 회장으로 활동하고 있습니다. 지은 책으로 〈3000년 중국 역사의 어두운 그림자〉, 〈중국 토지경제사 연구〉, 〈동양법의 일반 원칙〉, 〈역주당육전 상 · 중 · 하〉 등이 있습니다.

글 **노지영**
서울에서 태어나 상명대학교 국문학과를 졸업했습니다. 그동안 KBS에서 어린이 프로그램 작가로 일해 왔으며, 지금은 어린이의 눈빛으로 다양한 책을 쓰고 있습니다. 지은 책으로 〈리틀 변호사가 꼭 알아야 할 법 이야기〉, 〈구석구석 놀라운 인체〉, 〈구석구석 어디든지 미생물〉, 〈신비한 자연사 박물관〉, 〈굿바이! 틀리기 쉬운 과학문제 3~6학년〉, 〈세상을 깜짝 놀라게 한 오천년 우리 철학〉, 〈두근두근 방송국 탈출하기〉, 〈21세기 리더가 될 대화형 아이〉, 〈거꾸로 배우는 아이러니 교과서〉 등이 있습니다.

그림 **여미경**
한양여자대학교 일러스트레이션과를 졸업했으며, 지금은 프리랜스 일러스트레이터로 활동 중입니다. 그린 책으로는 〈고려 사람들은 어떻게 살았을까?〉, 〈그림자 주인〉 등이 있습니다.

이 책의 표지는 일반 용지보다 1.5배 이상 고가의 고급 용지인 드라이보드지를 사용하여 제작하였습니다. 표지를 드라이보드지로 제작하면 습기의 영향을 덜 받기 때문에 본문 용지가 잘 울지 않고, 모양이 뒤틀리지 않아 책을 오랫동안 보존할 수 있습니다.

이 책은 기존의 석유 잉크 대신 친환경 식물성 원료인 대두유 잉크를 사용하여 인쇄하였습니다. 대두유 잉크는 선진국에서 널리 사용하고 있는 고가의 대체 잉크로, 휘발성이 적어 인쇄 상태의 보존이 용이하고, 인체에 무해할 뿐만 아니라 눈에 부담을 주지 않는 자연스러운 색을 내는 특징이 있습니다.

판도라 교육동화  역사와 신화 이야기 **대결! 역사 속 숙명의 라이벌**

발행인 박희철 **발행처** 한국헤밍웨이 **출판신고** 제406-2013-000056호
주소 경기도 성남시 분당구 금곡동 444-148 **대표전화** (031)715-7722 **팩스** (031)786-1001
편집 김양미, 김범현 **디자인** 조수진, 우지영, 성지현, 한지희 **사진제공** 이미지클릭, 중앙포토

전 30권

⚠ 주의 : 본 교재를 던지거나 떨어뜨리면 다칠 우려가 있으니 주의하십시오. 고온 다습한 장소나 직사광선이 닿는 장소에는 보관을 피해 주십시오.

대결! 역사 속 숙명의 라이벌

글 노지영 | 그림 여미경

교과 연계 초등 사회 5-1 1. 하나 된 겨레 42~44쪽, 2. 다양한 문화를 꽃피운 고려 61~64쪽, 3. 유교 전통이 자리 잡은 조선 101, 129~130쪽 / 중등 역사(상) Ⅲ. 통일 신라와 발해, 두산동아 74, 91~101쪽, 미래엔 86, 111~119쪽, Ⅴ. 고려 사회의 변천, 두산동아 122, 130~131쪽, Ⅵ. 조선의 성립과 발전, 비상교육 176, 208쪽, 천재교육 207쪽

한국헤밍웨이

오천 군사와 오만 군사의 대결
- 계백과 김유신

"하하하, 겨우 오천 명을 데리고 우리 오만 군사와 맞서 싸우겠다고?"
신라군의 우두머리인 김유신 장군은 큰 소리로 웃으며 말했어요.
백제를 공격하러 온 김유신이 백제 땅 황산벌에서 계백과 맞서게 된 거예요.
김유신의 오만 군사에 비하면 계백의 결사대는 무척 초라해 보였어요.
하지만 백제군은 신라군 앞에서 조금도 기죽지 않았어요.
"전쟁의 승리는 군사의 많고 적음보다 군사의 정신력에 달려 있다."
계백의 호령에 백제군의 기세는 하늘을 찌를 듯 높아졌어요.
"자, 모두 죽을 각오를 하고 적에 맞서 싸워라!"
계백은 앞서 나가 칼을 휘두르며 황산벌을 거침없이 누볐어요.
신라의 김유신과 백제의 계백은 황산벌에서 네 번이나 맞서 싸웠어요.
계백이 이끄는 백제군은 무척 불리했지만 신라군에 절대 뒤지지 않았어요.

애고, 불쌍한 놈들! 죽으려고 기를 쓰는구나!
계백아! 겨우 오천 명을 데리고 온 거냐?

어라?
저 겁 없는
놈은 뭐지?
단번에 베어
버릴까요?
백제의 장수는
나와서 내 칼을
받아라!

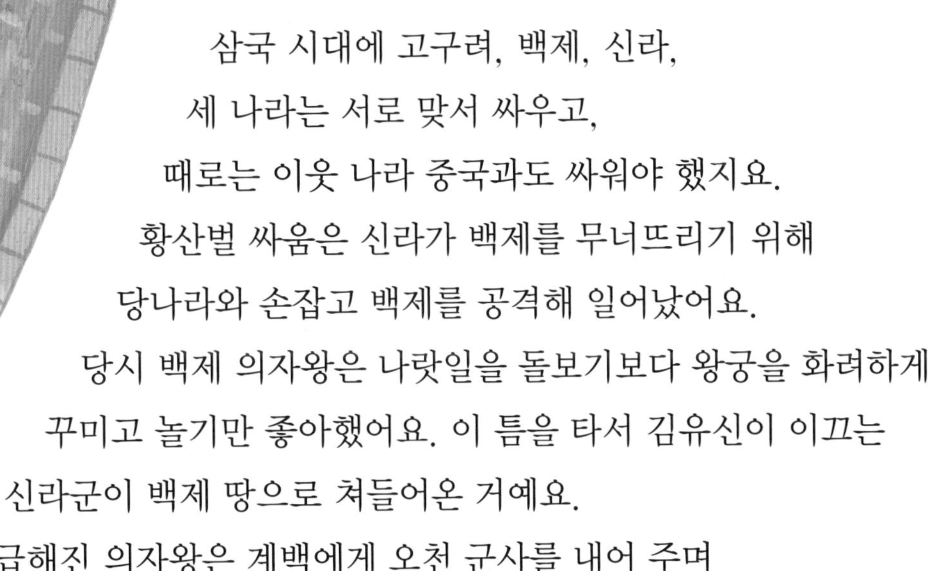

삼국 시대에 고구려, 백제, 신라,
세 나라는 서로 맞서 싸우고,
때로는 이웃 나라 중국과도 싸워야 했지요.
황산벌 싸움은 신라가 백제를 무너뜨리기 위해
당나라와 손잡고 백제를 공격해 일어났어요.
당시 백제 의자왕은 나랏일을 돌보기보다 왕궁을 화려하게
꾸미고 놀기만 좋아했어요. 이 틈을 타서 김유신이 이끄는
신라군이 백제 땅으로 쳐들어온 거예요.
다급해진 의자왕은 계백에게 오천 군사를 내어 주며
김유신이 이끄는 오만 군사를 막아 내라고 했어요.
앞선 싸움에서 거듭 진 김유신은 어린 화랑을 홀로 적진으로 보냈어요.
백제 진영으로 간 화랑 관창이 목이 베여 돌아오자 신라군은 술렁였어요.
"어린 관창의 죽음을 헛되이 하지 마라!"
신라군이 기세 높이 나오자 백제군은 열 배나 많은 적을 당할 수 없었지요.
결국 백제는 신라에게 무릎을 꿇고 말았어요.
김유신과 계백의 대결은 이렇게 김유신의 승리로 끝났어요.

어서
왕건의 목을
대령하라!
뭐야? 얘가
왕건 맞아?
이놈들아,
속았지?

후삼국 통일은 내가 먼저! -견훤과 왕건

927년 후백제의 견훤이 신라 수도 서라벌을 공격하자,
신라 경애왕은 고려의 왕건에게 도움을 청했어요.
하지만 왕건이 1만 대군을 이끌고 서라벌에 도착했을 때
견훤은 이미 그곳을 빠져나간 뒤였지요.
"백제군이 멀리 달아나지 못했을 테니 먼저 공산으로 가서 기다리자."
왕건은 견훤을 혼쭐을 내줄 생각이었어요.
하지만 왕건의 계획은 견훤의 작전에 말려 실패로 돌아갔어요.
왕건의 군대가 우왕좌왕하는 사이에 백제군은 고려군을 에워쌌어요.
"으하하하, 왕건이 호랑이 굴에 제 발로 걸어 들어왔구나!"
견훤이 승리를 예감한 듯 큰 소리로 웃었지요.
이때 고려의 장수 신숭겸이 왕건에게 다가와 말했어요.
"전하! 어서 저와 옷을 바꿔 입으소서."
신숭겸은 왕의 갑옷을 입고 견훤을 향해 돌진했어요.
견훤의 군사들이 신숭겸의 목을 베는 사이
왕건은 무사히 그곳을 빠져나갔어요.

통일 신라 때에는 경제와 문화가 크게 발전했어요.
하지만 왕실과 귀족들은 자신들의 배만 불리고 백성을 돌보지 않았어요.
그러자 여기저기에서 새 나라를 세워야 한다는 목소리가 높아졌어요.
그즈음 견훤이 군대를 일으켜 후백제를 세우고, 궁예가 후고구려를 세웠지요.
이렇게 신라, 후백제, 후고구려가 생겨나면서 후삼국 시대가 열렸어요.
후고구려에서는 궁예가 점점 포악해지자 왕건이 새로운 왕이 되었어요.
이때부터 왕건과 견훤의 대결이 시작되었지요.
927년에 일어난 공산 대첩에서 왕건은 견훤에게 크게 패하고
부하와 옷을 바꿔 입고 몰래 도망쳐 나오는 수모를 겪었어요.
하지만 2년 뒤 고창 병산 전투에서는 왕건이 견훤을 크게 이겼지요.
왕건과 견훤은 후삼국 통일을 놓고 이렇듯 엎치락뒤치락 경쟁을 벌였어요.
그러다가 견훤은 아들에게 왕의 자리를 빼앗기고 감금까지 당했어요.
그 후 견훤은 고려로 가서 왕건에게 자신을 돌보아 달라고 부탁했어요.
견훤을 받아들인 왕건은 견훤의 도움을 받아
후삼국을 하나로 통일할 수 있었답니다.

견훤의 선택

견훤은 열 명의 아들을 두었는데, 맏아들 신검보다 넷째 아들 금강을 더 사랑했어요. 그래서 자신의 뒤를 이어 금강을 왕의 자리에 앉히려고 했지요. 이 사실을 안 다른 아들들은 신검을 왕으로 세우기로 하고 금강을 죽였어요. 그러고는 아버지인 견훤을 금산사에 가두어 버렸지요. 가까스로 금산사를 빠져나온 견훤은 왕건을 찾아갔고, 얼마 뒤 왕건은 견훤을 앞세워 백제를 공격, 승리를 거두었답니다.

넷째가
왕!
견훤이
넷째아들에게
왕위를
물려주겠대.
말도 안 돼!
그럼 큰아들이
가만있지
않을 텐데.
으악
!!!
왕건아,
나를 받아 줘.
난 아들들한테
쫓겨났어.

어머나!
저게 벼락
아니냐?
폐하! 궁궐에
벼락이 내림은
매우 좋은
징조입니다.

서경 천도를 두고 벌인 대결
- 묘청과 김부식

"폐하, 개경은 이미 땅의 기운이 다했습니다.
도읍을 서경으로 옮기고 금나라를 공격하면 이길 수 있습니다."
묘청은 인종을 볼 때마다 서경으로 도읍을 옮겨야 한다고 주장했어요.
얼마 전에 이자겸의 난으로 죽을 고비를 넘긴 인종은 귀가 솔깃했어요.
인종은 묘청의 주장대로 서경에 궁궐을 짓고 그곳에 머물기도 했어요.
하지만 서경으로 도읍을 옮기는 일은 쉽지 않았어요.
"묘청은 요망한 말로 폐하를 꾀어 나라를 어지럽히고 있습니다."
김부식을 비롯한 개경 귀족들은 이런저런 이유를 들어 서경 천도를
반대했어요. 때마침 인종이 서경에 행차할 때마다 홍수가 나고
우박이 떨어지는 등 좋지 않은 일이 일어났지요.
결국 인종은 서경 천도를 포기했어요.

'흠, 당장 왕의 마음을 돌이킬 수 없게 되었군.'
묘청은 서경 천도 계획이 물거품이 되자 난을 일으켰어요.
"우리는 여기 서경에 도읍을 정하고,
'대위' 란 이름으로 새 나라를 세운다."
묘청은 서경에서 세력을 모아 나라를 세웠어요.
"뭐야? 묘청이 반란군을 모아 나라를 세웠다고?"
김부식은 토벌군을 이끌고 서경으로 향했어요.
서경은 곧 토벌군에게 둘러싸였고,
김부식은 서경 세력을 천천히 위협했어요.
그사이에 묘청은 부하 조광에게 살해되고 말았어요.
조광은 김부식에게 묘청의 목을 내주며 항복했지만,
김부식은 조광의 항복을 받아들이지 않았어요.
결국 몇 번의 전투 끝에 김부식은 성을 빼앗았어요.
이렇게 보수파 김부식과 개혁파 묘청의 대결은
김부식의 승리로 막을 내렸답니다.

보수파와 개혁파의 대결

묘청이 서경 천도를 주장할 즈음 고려는 안팎으로 어려움을 겪고 있었어요. 안에서는 귀족들이 나랏일을 제멋대로 처리하며 호화스러운 생활을 즐겼어요. 밖에서는 여진족이 세운 금나라가 고려에 임금과 신하의 관계를 맺자며 위협해 왔지요. 묘청을 비롯한 서경파는 도읍을 옮겨 금과 맞서 싸우자는 개혁론을 펼쳤어요. 이와 달리 권력을 쥐고 있던 김부식 등의 개경파는 금의 요구를 들어주자며 자신들의 권력을 지켜 나가기를 바랐지요.

흥,
어림도
없는 소리!
무조건 항복!
내가 묘청을
죽였거든? 나
예뻐해 줄 거지?

어쩌다가 고려가 이 지경이 되었는고…….
개혁이 필요하지요.
그러니까 저들이 동지야? 적이야?
글쎄, 닮은 듯 다르니 잘 모르겠단 말이야.

‘하여가’와 ‘단심가’ - 이방원과 정몽주

고려 말기, 귀족의 횡포로 백성은 먹고살기가 더욱 힘들어졌어요.
“쯧! 나라를 돌볼 생각은 하지 않고 자기들 배만 불리고 있으니…….”
정몽주가 탄식을 하며 말했어요.
“맞습니다. 고려는 이미 썩을 대로 썩었지요.”
정몽주와 정도전은 기울어 가는 고려를 함께 걱정했어요.
“고려를 무너뜨리고 새 나라를 일으켜야 해.”
“어험! 무슨 소리! 개혁은 고려 안에서 이루어져야 하네!”
정몽주는 새 나라를 세워야 한다는 정도전의 계획에는 반대했지요.
정도전은 정몽주 앞에서는 더 이상 자신의 뜻을 내세우지 않았어요.
그 대신 자신과 뜻을 같이하는 이성계를 찾아갔어요.
“우리 함께 힘을 모아 새로운 세상을 열어 봅시다!”
정도전은 새 나라를 세우려면 이성계 같은 무신의 힘이 필요하다고 생각했어요.
정몽주는 두 사람이 공양왕을 쫓아내려 한다는 걸 알고 두 사람을 멀리했어요.

어느 날, 정몽주는 말에서 떨어져 다리를 다친 이성계를 찾아갔어요.
"찾아 주셔서 고맙습니다. 어서 들어오시지요."
정몽주를 반갑게 맞은 것은 이성계의 아들 이방원이었어요.
이방원은 정몽주가 마음을 바꾸어 자신들과 뜻을 같이하기를 바랐어요.
그래서 '하여가'를 읊으며 정몽주의 뜻을 살폈지요.

이런들 어떠하리 저런들 어떠하리
만수산 드렁칡이 얽혀진들 어떠하리
우리도 이같이 얽혀 백 년까지 누리리라.

이 몸이 죽고 죽어 일백 번 고쳐 죽어
백골이 진토되어 넋이라도 있고 없고
임 향한 일편단심이야 가실 줄이 있으랴.

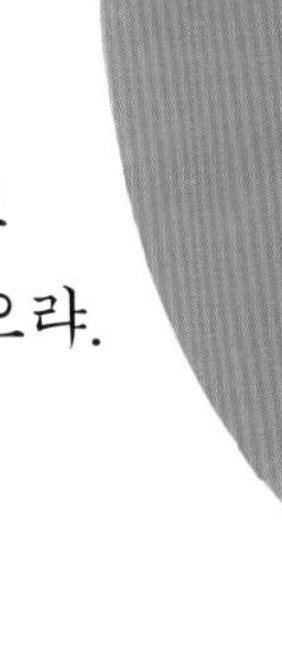

정몽주는 깊은 생각에 잠겼다가 '단심가' 로 자신의 뜻을 알렸어요. 이방원은 정몽주가 절대 마음을 바꾸지 않으리라는 걸 알았어요. 그래서 부하를 시켜 돌아가는 정몽주를 선죽교에서 살해하게 된답니다.

위화도 회군의 갈림길에서 – 최영과 이성계

"전하! 지금은 명나라를 칠 때가 아닙니다. 소국이 대국을 치는 것은 옳지 않으며 농사철에 군대를 동원하는 것 또한 어려움이 있습니다."
이성계의 말에 이어 최영도 조심스럽게 자신의 생각을 말했어요.
"신은 지금이 명나라를 치기에 가장 좋은 때라 생각하옵니다."
우왕은 최영의 뜻을 받아들였어요.
최영과 이성계는 군사를 이끌고 만주로 떠났어요.
북쪽 땅을 내놓으라는 명나라에 맞서 만주 땅에서
명나라 세력을 내쫓기 위해서였지요.
최영은 너무 늙어 우왕과 함께 평양에 머물고 있었어요.
이성계는 만주로 향하며 내내 고민했어요.
'지금은 명나라와 싸울 때가 아니라 고려를 개혁해야 할 때인데…….'

아! 진짜
고민이네. 어찌
하는 게 좋을지
엽전이라도
던져 볼까?
주인님이
요즘 왜
저러시나?

하하,
이제 내가
새 나라의
왕이다!

이성계가 압록강 근처 위화도에 다다랐을 때 상황이 아주 나빴어요.
무더위 때문에 활시위가 늘어나 활이 멀리 날아가지 않았어요.
또 비가 많이 와서 군사들이 물에 빠져 죽었고요.
게다가 갑옷이 무거워서 군사들의 몸이 둔해졌지요.
결국 이성계는 명나라와의 전쟁을 포기하고 위화도에서
군대를 돌려 개경으로 향했어요.
역사적인 이 사건이 바로 '위화도 회군'이에요.
평양에 머물던 우왕과 최영 장군은 이 소식을 듣고
얼른 개경으로 가서 싸울 준비를 했어요.
하지만 이성계에 맞서 싸우기에는 힘이 너무 약했어요.
결국 최영은 귀양을 가게 됐고, 우왕도 강화도로 쫓겨났지요.
이렇게 해서 고려가 망하고 이성계는 새 나라를 세워
조선의 첫 임금이 되었답니다.

단종 복위 문제로 맞선 두 친구
– 성삼문과 신숙주

“우리는 나라를 도둑질한 나리를 죽이려 했소.”
성삼문이 살이 타는 고통을 꿋꿋하게 참으며 말했어요.
“뭣이! 네 놈이 지금 나보고 나리라 했느냐?”
화가 머리끝까지 난 세조는 얼굴이 붉으락푸르락했어요.
“나리가 아니면 무엇이오? 나는 단종 임금님의 신하요.
하늘에 해가 둘일 수 없듯이 백성에게도 임금이 둘일 수 없는 법!”
성삼문은 세조 옆에 서 있는 신숙주를 올려다보았어요.
“숙주야! 옛날에 세종 대왕께서 ‘원손을 잘 보필하라.’ 하신
말씀을 기억할 것이다. 네가 이렇게 악할 줄은 몰랐다.”
그 말을 듣자 신숙주는 분해서 손을 부르르 떨었어요.
“뭣들 하느냐! 인두를 가져다가 어서 저놈의 입을 지져라!”
세조의 명이 떨어지자, 포졸이 벌겋게 달군 인두로
성삼문의 입을 지졌어요.
성삼문은 신숙주가 지켜보는 가운데 기절하고 말았어요.

죽이기에는
재주가 아까워.
친구인 네가
꼬셔 봐.
사실이에요.
저놈은 전하가
내리는 녹을 창고에
고스란히 쌓아
놓았지요.

성삼문과 신숙주는 둘도 없는 친구였어요.
세종 대왕이 한글을 만들 때 집현전에서 함께 일하며
한글을 만들고 널리 알리는 데 힘썼지요.
세종 대왕은 두 사람을 진심으로 아꼈어요.
하지만 어린 단종이 삼촌인 수양 대군에게 왕위를 빼앗기게 되자,
두 사람의 삶은 크게 달라졌어요.
“강한 왕권을 세우려면 세조를 잘 보필해야 해.”
“세조를 몰아내고 단종을 다시 왕으로 모실 거야!”
신숙주는 어린 단종 때문에 왕권이 약해지는 것이 못마땅해서
성삼문의 생각에 반대했어요.
결국 성삼문의 계획은 실패로 돌아가고
성삼문과 뜻을 같이한 신하들은 죽임을 당했답니다.
훗날 사람들은 성삼문을 충신, 신숙주를 변절자라 했어요.
그래서 쉽게 쉬어 버리는 녹두 나물을
숙주 나물이라 부르게 되었어요.

엉? 벌써 쉬어?
누가 숙주나물
아니랄까 봐.
주모!
이 나물 쉬어서
못 먹겠소!
酒

중전 자리를 놓고 다툰 왕의 두 여자 - 인현 왕후와 장 희빈

1688년 숙종은 신하들을 모아 놓고 중요한 발표를 했어요.

"희빈이 낳은 왕자 윤을 원자로 삼을 것이오!"

신하들은 깜짝 놀랐어요.

"전하, 중전 마마께서 아직 젊으시니 좀 더 기다려 보시지요."

"전하, 부디 이제 태어난 지 두 달밖에 안 된 후궁의 자식을 원자로 삼는다는 명을 거두어 주시옵소서."

신하들이 반대해도 소용없었어요.

숙종은 장 희빈의 아들을 원자 자리에 앉히고 곧이어 더 엄청난 명을 내렸지요.

“인현 왕후를 중전 자리에서 물러나게 하고, 희빈 장씨를 중전으로 삼는다.”
인현 왕후는 궁에 들어온 지 8년 만에 왕자를 낳지 못하고
장 희빈을 질투한다는 이유로 궁에서 쫓겨나고 말았어요.

장 희빈의 오빠 장희재는 남인 세력과 손을 잡고
동생이 중전이 될 수 있도록 많은 도움을 주었어요.
그동안 권력을 휘두르던 서인들은 인현 왕후가 물러나자 힘을 잃었어요.
반대로 장 희빈을 지지하던 남인 세력이 권력을 잡게 되었지요.
하지만 그 권력도 오래가지는 못했어요.
1694년, 숙종은 중전을 다시 희빈 자리로 끌어내리고
인현 왕후를 중전으로 불러들였어요.
이 일을 계기로 서인들이 다시 힘을 얻게 되었고,
수많은 남인들이 죽임을 당하거나 귀양을 가게 되었어요.
그로부터 12년 뒤, 인현 왕후는 병을 얻어 죽고 말았어요.
궁궐 안팎에서 장 희빈이 인현 왕후를 저주했기 때문에
인현 왕후가 죽었다는 소문이 돌았어요.
결국 장 희빈은 숙종이 내린 사약을 마시고 죽었답니다.

으이그,
이게 벌써
몇 번째야?
난 절대
마시지
않겠소!
마마,
눈 딱 감고
마셔
주시옵소서.

내가 수군의 우두머리다! - 이순신과 원균

'가토가 1월 7일 부산에 온다 하니 이순신은 수군을 이끌고 적에 맞서라!'
선조가 보낸 문서를 본 삼도 수군통제사 이순신은 한숨을 내쉬었어요.
'어쩌지? 이건 왜군이 파 놓은 함정이 분명해.'
이순신의 생각대로 그건 왜의 첩자가 일부러 흘린 정보였어요.
'무턱대고 출정하면 다른 곳이 뚫릴 텐데. 그렇다고 어명을 어길 수도 없고!'
이순신은 망설이다가 출정했지만, 그사이에 가토는 부산에 들어왔어요.
처음부터 이순신과 수군을 혼란에 빠뜨리기 위한 술책이었던 거예요.
원균은 재빨리 이순신을 모함하는 글을 조정에 올렸어요.
'가토가 조선 땅을 밟을 수 있었던 것은 통제사 이순신이 어명을
가벼이 여겼기 때문입니다. 이순신은 어명을 어긴 죄인입니다.'
신하들이 이순신을 모함하며 처벌하라고 청하자 선조가 명을 내렸어요.
"이순신을 당장 한양으로 끌고 와라."

가느냐
마느냐,
그것이
문제로다!
히히히,
고민 좀
될 거다.

이순신은 감옥에 갇혔고, 삼도 수군통제사 자리는 원균에게 돌아갔어요.
원균은 이순신보다 나이도 많고 군인으로서도 선배였지만,
이순신보다 지위가 낮아 그동안 불만이 많았습니다.
이순신이 한양으로 잡혀간 뒤 남해 바다는 왜군으로 들끓었어요.
원균이 수군을 이끌고 왜군에 맞섰지만 두 번이나 크게 패했지요.
한산도 기지가 왜군의 손에 넘어가고 많은 수군이 목숨을 잃었어요.
"큰일이오. 이러다가는 왜놈들이 맘 놓고 우리 땅을 밟게 되겠소."
"이순신을 다시 통제사 자리에 앉힙시다."
신하들이 뜻을 모으자, 선조는 이순신을 다시 통제사에 임명했어요.

이순신이 6개월 만에 남해로 돌아왔을 때
우리 수군의 전력은 형편없었어요.
한때 500척에 이르던 배는 겨우 12척밖에 없었지요.
하지만 이순신은 곧 벌어진 명량 대첩에서 뛰어난 전술을 써서
12척의 배로 왜적의 배 130척을 물리치고 30척을 크게 부수었어요.
이순신은 이렇게 뛰어난 전술로 우리 바다를 지켜 냈답니다.

구한말 위기 속의 갈등 - 흥선 대원군과 명성 황후

"프랑스 신부들을 죽인 놈을 데려와라!"
강화도에 들어온 프랑스 군인들은 단단히 화가 났어요.
얼마 전 흥선 대원군이 천주교를 알리던 프랑스 신부들을 죽였어요.
그러자 프랑스 군대가 우리나라에 찾아와 소란을 피운 거예요.
"서양 오랑캐들에게 절대 문을 열 수 없다!"
흥선 대원군은 단호히 말했어요.
하지만 며느리인 명성 황후의 뜻은 달랐어요.
"중국과 일본은 문을 열었는데 우리만 문을 닫고 있을 수는 없습니다.
이제 서양의 발달된 문명을 받아들일 때입니다."
두 사람은 나라 안팎의 일을 보는 시각이 달라 자주 부딪쳤어요.
결국 고종을 대신해 정치를 돌보던 흥선 대원군이 명성 황후에 의해
쫓겨났지만, 두 사람의 대결은 끝나지 않았어요.

오! 이거 참
특이한데?
우리나라로
가져가자!
이것도 값 좀
나가겠어!
히히히.
나라에선
뭐 하는 거야?
저놈들 어서
안 잡아가고!

명성 황후가 정치에 관여하면서 우리나라는 외국에 문을 활짝 열었어요.
그들은 무역을 빌미로 우리나라에 들어와 나무를 베어 가고
금광도 마음대로 파헤쳤어요.
일본은 우리와 불평등한 조약을 맺고 쌀도 마음대로 가져갔지요.
"이게 다 나라의 문을 열었기 때문이야. 명성 황후는 물러가라!
대원군 나리를 다시 모셔 오자!"
쌀을 배급받지 못한 군인들이 들고 일어나자 명성 황후는 몸을 피했어요.
그 틈을 타서 흥선 대원군이 다시 권력을 잡았지만 오래가지 못했어요.
명성 황후가 청나라와 일본에 도움을 청해
두 나라가 군대를 몰고 왔기 때문이에요.
청나라는 흥선 대원군을 자기네 나라로 데려가 버렸어요.
이렇게 두 사람이 서로 경계하며 갈등을 일으키는 동안
청나라와 일본에 이어 러시아까지 우리나라 정치에
간섭을 했답니다.

둘 다 지면
좋을 텐데……,
크크.
맞아.
그럼 조선 땅을
우리가 사이좋게
나눠 가질 수
있잖아!

판도라 지식상자

역사 속 패자 한마당

역사는 '승자의 기록'이라는 말이 있어요. 지금까지 역사는 승리를 거둔 사람들에 의해 기록되고 평가되는 일이 많아 생겨난 말이에요. 우리가 앞에서 살펴본 대결에서 안타깝게도 패자로 기록된 사람들이 있어요. 그들이 모여서 못다 한 이야기를 나누고 있네요. 한번 들어 볼까요?

오천 결사대를 이끌고 황산벌로 나갈 때 나는 이미 죽을 각오를 했어요. 그랬으니 내 가족을 내 손으로 죽이는 끔찍한 일도 서슴지 않았던 겁니다. 내 사랑하는 가족이 적의 손에 죽임을 당하거나 그들의 종이 되어 치욕스럽게 사는 걸 원치 않았기 때문입니다.

계백

견훤

왕건은 정말 훌륭한 인품을 가진 인물로, 여러 사람을 감싸 안을 수 있는 큰사람이었소. 내가 아들들에게 배신당하고 그에게 도움을 청했을 때 그는 기꺼이 나를 받아들여 편안히 살게 했으니 말이오. 그래서 나는 왕건이 백제를 칠 때 아들들 편이 아닌 왕건 편에 섰소.

으으, 내가 내 부하의 손에 죽게 될지 어떻게 알았겠는가? 그렇지만 않았더라도 새로운 세상을 열어 보는 건데……. 훗날 신채호 선생께서 내가 일으킨 난을 두고 '조선 천 년 역사 중 가장 큰 사건'이라고 평가한 것은 무척 마음에 드오.

묘청

정몽주

내가 읊은 시에 나온 대로 나는 죽어서도 공양왕을 모시고 있지요. 내 믿음과 충절을 다해 살다가 죽음을 맞았기에 후회는 없소.

이성계가 요동 정벌을 떠날 때 내 나이가 많아 평양에 머물러 있었던 것이 후회스럽구나. 만약 내가 이성계와 함께 명나라를 치러 떠났다면 어찌 되었을까? 어쩌면 위화도 회군이라는 말이 없었을지도 모를 일이지. 흠…….

최영

성삼문

숙주와는 오랜 친구였는데 단종 복위 문제로 친구에서 적이 되었지. 하지만 우리 둘 다 후회는 없어. 사람들은 우리를 충신과 변절자로 부르지만 어찌 보면 그렇지도 않아. 서로 각자의 믿음 아래 최선을 다했으니, 그러면 된 것 아닌가?

호호, 내가 패자라고? 나는 원 없이 살다 갔으며 패자도 아니야. 왕비로도 살아 보았고, 내 아들 경종이 대를 이어 왕이 되었으니, 안 그런가? 단, 인현 왕후와 내가 정치의 소용돌이에 휘말린 희생양이라는 것은 맞는 말인 듯 싶소.

장 희빈

원균

후후, 역사는 정말 승자의 기록이 맞는 것 같군. 나도 한 나라의 장수였어. 한때는 나도 왜군을 크게 무찌르며 명예를 누리기도 했지. 하지만 이제 사람들은 내가 이순신을 모함한 일만을 기억하고 있으니 안타까울 뿐일세.

흥선 대원군

내 비록 며느리에 의해 궁에서 쫓겨나긴 했지만 내가 패자란 생각은 단 한 번도 해 본 적이 없네. 나는 다만 일본 놈들에게 나라를 빼앗겼던 세월이 원통하고 또 분할 뿐이야.

판도라 지식상자

세계사 속 라이벌

우리나라뿐 아니라 다른 나라에서도 역사를 변화시킨 위대한 인물들에게는 라이벌이 있었습니다. 라이벌은 다른 나라의 적일 수도 있고, 나라 안의 경쟁자일 수도 있고, 심지어 같은 가문 사람이거나 형제일 수도 있습니다. 세계 역사에 많은 영향을 미친 외국의 라이벌 가운데 대표적인 인물을 몇 명 소개해 볼게요.

★ **영국의 두 여왕** – 잉글랜드의 엘리자베스 1세와 스코틀랜드의 메리

엘리자베스 1세는 16세기까지만 해도 작은 섬나라에 불과한 영국을 유럽의 강대국으로 발전시킨 여왕으로, 영국 역사상 가장 뛰어난 국왕으로 칭송 받고 있어요. 스코틀랜드의 메리 여왕은 엘리자베스 1세의 5촌 조카뻘이었어요. 역사에 남긴 업적으로는 결코 엘리자베스의 라이벌이 될 수 없지만, 엘리자베스는 메리의 순수 혈통과 아름다운 외모를 질투했대요.

엘리자베스는 헨리 8세의 사생아로 태어났고, 외모도 아름답다고 할 수 없었지요. 그에 비해 메리는 정통 왕족으로서의 혈통을 지녔고, 깎아 놓은 조각상처럼 아름다운 외모와 모든 남자를 매혹시키는 독특한 매력을 지녔어요.

메리는 스코틀랜드 여왕에서 폐위되어 잉글랜드로 망명을 옵니다. 하지만 엘리자베스의 왕위를 노리는 음모를 꾸미다가 번번이 들켰고, 결국 반역죄로 사형당하고 맙니다.

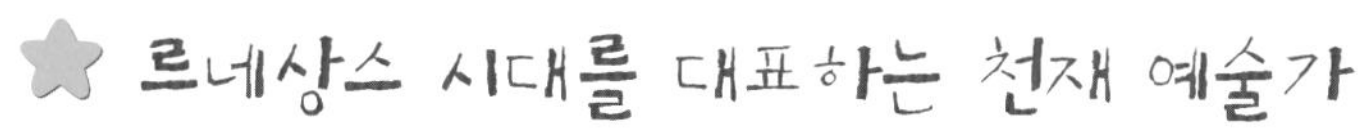

– 레오나르도 다빈치와 미켈란젤로

레오나르도 다빈치는 화가로 유명하지만, 과학자이자 발명가이기도 했어요. 이것저것 관심도 많고 호기심도 많았어요. 다빈치는 '보고 듣는 것만 믿는다'고 주장하며 정신보다 물질이 우선이라 생각했어요. 그는 풍요롭고 즐겁게 살며 사람들과 어울리는 걸 좋아했어요.

조각가이자 화가, 건축가로 유명한 미켈란젤로는 물질을 하찮게 여기고 정신을 고귀하게 여겼으며 진지하고 고독한 사람이었어요.

당대 최고의 예술가인 두 사람은 서로를 의식하는 사이였는데, 한번은 미켈란젤로가 다빈치를 비난했대요. 밀라노의 통치자가 다빈치에게 청동 기마상 제작을 부탁했어요. 이 통치자가 실제 말보다 서너 배 크고 멋지게 만들고 싶어 하자 다빈치는 말이 앞다리를 든 자세로 만들려 했어요. 하지만 무거운 기마상을 말의 뒷다리로만 지탱하는 것은 당시 기술로는 어려운 일이었어요.

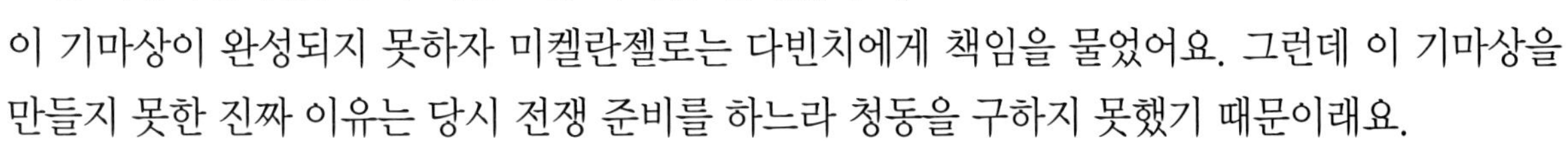

이 기마상이 완성되지 못하자 미켈란젤로는 다빈치에게 책임을 물었어요. 그런데 이 기마상을 만들지 못한 진짜 이유는 당시 전쟁 준비를 하느라 청동을 구하지 못했기 때문이래요.

★ 남극 탐험의 라이벌 – 로날드 아문센과 로버트 스콧

아문센과 스콧. 두 사람 모두 1911년 남극을 정복하기 위해 탐험에 나섰어요.

노르웨이 출신의 탐험가 아문센은 개썰매를 비롯한 탐험 장비와 복장, 탐험 경로 등을 철저히 준비했어요. 덕분에 아문센의 탐험대는 큰 사고 없이 세계 최초로 1911년 12월 14일 남극점에 도달했어요.

영국 해군 장교였던 스콧은 탐험 준비가 어설펐어요. 그는 개썰매 대신 모터 엔진이 달린 썰매와 말에 짐을 싣고 갔어요. 하지만 모터 엔진은 얼어붙고 말들은 동상에 걸려 죽었어요. 결국 탐험 대원들이 무거운 짐을 실은 썰매를 직접 끌어야 했지요. 이들도 1912년 1월 17일 남극점에 도달했어요. 하지만 남극점에는 노르웨이의 국기가 휘날리고 있었지요. 게다가 이들은 돌아오는 길에 추위와 굶주림으로 모두 죽고 말았어요.